I0490650

Sebbene sia stato fatto ogni sforzo per preparare questa pubblicazione, gli editori non possono essere ritenuti responsabili per eventuali errori o omissioni o per eventuali danni derivanti dall'uso delle informazioni contenute in questa pubblicazione.

Prima edizione.

Contenuto

CAPITOLO 1. Riunioni e convegni di posta elettronica aziendale

Se dovete inviare un'e-mail generale per annunciare una riunione o un congresso a un gran numero di persone, cercate di essere brevi e diretti al punto. Infatti, se si forniscono di punto in bianco informazioni non necessarie, l'e-mail diventa confusa e richiede molto tempo per essere letta.

Se le persone hanno molte domande specifiche dopo la prima e-mail, è possibile creare un'e-mail di follow-up con le FAQ per rispondere alle informazioni non importanti o a quelle importanti che avete dimenticato.

Esercizi pratici

Questo può essere facilmente messo in pratica osservando un esempio di una tipica e-mail inviata a un reparto per invitare il personale a una riunione.

Osservate le parole dell'elenco sottostante e inseritele negli spazi corretti dell'e-mail. Quando avete finito, confrontate le vostre risposte con gli esempi della pagina successiva. Troverete così un modello da utilizzare per le vostre comunicazioni.

L'evento si svolgerà anche quest'anno / Tendenze del settore / Signore e signori.
Scopritelo e potrete farlo.

.... ,

Conferenza annuale Digi-World. .... 2 novembrend -5th . La conferenza fornisce .... eccellenti informazioni su nuovi prodotti finanziari e opportunità di sviluppo professionale. (.............. Vedi l'agenda aggiornata allegata a questo messaggio).

Se desiderate partecipare a tutto o parte del programma, rispondete direttamente a questa e-mail. Organizzeremo il vostro programma alla conferenza e
.... I lavoratori che desiderano partecipare devono farlo, anche se solo per mezza giornata.

Si terrà al terzo piano dell'RM Hotel, Centro Congressi, dove Gary Vaynerchuk, Dale Carnegie e Dan Meredith organizzeranno diversi car pooling.

Appropriato.

Timothy Ferris.

Risposta.

Gentili signore e signori.

Quest'anno la conferenza annuale Digi-World si terrà dal 2 novembre[nd] al 5 novembre[th] . La conferenza fornisce eccellenti informazioni sulle tendenze del settore, sui nuovi prodotti finanziari e sulle opportunità di sviluppo professionale. (L'agenda attuale è allegata al presente messaggio).

Se siete interessati a partecipare a tutta o parte della conferenza, rispondete direttamente a questa e-mail. Faremo del nostro meglio per fissarvi un appuntamento per la conferenza e per garantire che i membri del personale che desiderano partecipare possano farlo anche solo per mezza giornata.

Si terrà al terzo piano dell'RM Hotel, Centro Congressi, dove Gary Vaynerchuk, Dale Carnegie e Dan Meredith organizzeranno diversi car pooling.

Appropriato.

Timothy Ferris.

Modello di esempio per la compilazione di moduli

Gentili signore e signori.

Quest'anno/settimana/mese {nome della riunione/evento} si terrà **il {data}.** Questo incontro/evento fornirà informazioni importanti su **{specificare i vantaggi rilevanti}**. (Si prega di consultare l'**ordine del giorno, il programma, il pacchetto informativo e il modulo di registrazione** allegati al presente avviso).

Se volete partecipare al programma in toto o in parte, **{chiamate all'azione/diteci cosa fare}**. Io {vi dico cosa **fare}**.

Si sta organizzando un incontro/evento **{indicare dove si svolgerà}** **{indicare cosa state organizzando voi o altri in relazione a questo evento}**.

Appropriato.

Il tuo nome

Capitolo 2: Chiedere scusa quando è difficile scusarsi

Se vi trovate in una situazione difficile al lavoro, può essere necessario ammetterlo e scusarsi. Questo vi farà sentire meglio con voi stessi e aiuterà gli altri a capire meglio il vostro punto di vista.

Cinque frasi chiave per le e-mail professionali.

Le seguenti frasi sono utili in questo tipo di e-mail.

1. "Questi **giorni/settimane/mesi** sono stati certamente impegnativi per tutti noi.

2. "Ci rendiamo conto che non è stato possibile completare **{X, Y, Z}** nei tempi previsti".

3. "Grazie per l'impegno profuso nel portare a **termine {X, Y, Z} il** più possibile".

4. "La prego di tenerci informati sui suoi progressi".

5. "Grazie per aver combattuto la buona battaglia".

Esempio di e-mail.

Proclama del periodo Edo rivolto alla popolazione dallo shogunato (o daimyo, ecc.).

A: [nome].

DA: [ ].

DATA: [ ].

Argomento.

Comprendiamo che gli ultimi giorni sono stati difficili per tutti noi e che è stato impossibile raggiungere un accordo nei tempi previsti.

Siamo grati per l'impegno profuso nel firmare il più possibile.

Teneteci informati sui vostri progressi.

Grazie per il vostro duro lavoro.

Appropriato.

James.

Ritardo nelle risposte alle e-mail professionali.

Può essere piuttosto frustrante quando qualcuno impiega molto tempo a rispondere a un'e-mail o si dimentica di farlo. Se dimenticate di rispondere a un'e-mail o siete troppo occupati per farlo, dovete ricordare che vi stavano aspettando. Dovete riconoscere il ritardo nella risposta e poi dedicare del tempo a inviare un messaggio sincero e sentito.

Esercizi pratici

Si tratta di un semplice esercizio per aiutare lo scrittore a vedere un esempio di risposta a un'e-mail quando lo scrittore ha impiegato molto tempo per rispondere al destinatario.

Guardate le lingue qui sotto (1-4) e inserite ogni frase nella casella corretta dell'e-mail. Quando avete finito, confrontate le vostre risposte con gli esempi della pagina successiva. Avrete così un modello da utilizzare per le vostre comunicazioni via e-mail.

1. Mi scuso per non avervi risposto prima in merito alla relazione.

2. Il contratto definitivo per il progetto Chapman fu redatto in fretta e furia.

3. Si potrebbe discutere della relazione di Pat Flynn sulla nuova campagna.

4. Fateci sapere quale dei due periodi è più comodo per voi.

A chi [emploi] può indirizzare la lettera.

Da [nome].

Data: in [ ].

Argomento [ ].

Caro Jack.

.... La verità è che.

....

Ora che abbiamo tempo.

....

L'idea sembra sicuramente interessante e vorrei saperne di più sulla ricerca di mercato che è stata condotta.

Sono libera questo giovedì dalle 10 e ho anche una mattinata libera il 16.th

....

Appropriato.

CES

Risposta.

A chi [emploi] può indirizzare la lettera.

Da [nome].

Data: in [ ].

Argomento [ ].

Caro Jack.

Mi scuso per non avervi risposto prima in merito alla relazione. Ero impegnato a lavorare al contratto finale per il progetto Chapman.

Ora che abbiamo un po' di tempo, vorremmo organizzare un incontro con Pat Flynn per discutere la sua relazione sulla nuova campagna. Le sue idee sembrano sicuramente interessanti e vorrei saperne di più sulle ricerche di mercato che ha fatto.

Sono libera questo giovedì dalle 10 e ho anche una mattinata libera il 16.th

Fateci sapere quale dei due periodi è più comodo per voi.

Appropriato.

CES

Modello di esempio per la compilazione di moduli

A chi [emploi] può indirizzare la lettera.

Da [nome].

Data: in [ ].

Argomento [ ].

Caro {nome della persona a cui è indirizzata l'e-mail}.

Mi dispiace di non averle potuto rispondere immediatamente su {l'oggetto dell'e-mail dell'altra persona}. La verità è {il motivo per cui non ho risposto immediatamente. *Nota: dire semplicemente "ero occupato" senza dare una motivazione è peggio che non darne affatto. Se non c'è una ragione valida per la vostra risposta tardiva, scusatevi e passate alla* **sezione successiva**}.

Ora che abbiamo un po' di tempo, {**scrivi quello che vorresti fare o organizzare**}. La sua idea sembra interessante e vorrei saperne di più su ciò che **le interessa.** *(Si noti che quest'ultima frase è facoltativa. Ma è una buona idea perché dimostra il vostro interesse e il lettore lo apprezzerà).*

Sono libero {**Inserite una data e un'ora approssimativa in cui avrete tempo per discutere di questo argomento o chiedete all'altra persona di offrirvi qualcosa. Ad esempio, maggiori informazioni su X, Y o Z**}.

Appropriato.

CES

Capitolo 3: E-mail aziendali E-mail aziendali Come comunicare le cattive notizie.

"Più informazioni sono sempre meglio di meno. Se si sa perché sta accadendo qualcosa, anche se si tratta di una cattiva notizia, si possono gestire le proprie aspettative e reagire di conseguenza. Tenere nascoste le informazioni non fa altro che suscitare emozioni negative.

Simon Sinek.

Dare cattive notizie non è né piacevole né comodo, ma in un ambiente professionale può essere molto pericoloso. Mettetevi nei panni degli altri e pensate a come vorreste essere trattati se foste al loro posto.

Pensate a ciò che conoscete della persona a cui state trasmettendo il messaggio.

Domande da porsi prima di consegnare il messaggio

- Cosa succede nella vita professionale del pubblico?
- Cosa succede nella vita privata degli spettatori che conoscete?
- Influenza il modo in cui le notizie vengono ricevute?
- Quali obiezioni ci si può aspettare?
- Quali sono le loro preoccupazioni?
- Quali sospetti hanno?
- Quali domande vi potrebbero essere poste?

Esempio 1: Avviso di calo delle entrate

Memo

TO: [ ].

DA: [ ].

DATA: [ ].

Oggetto: [ ].

Quest'anno è stato particolarmente impegnativo. Abbiamo perso clienti importanti a favore di concorrenti e siamo stati colpiti dall'allagamento dei nostri magazzini a marzo. Di conseguenza, i ricavi sono diminuiti del 12%.

Anche se i risultati non sono soddisfacenti, sono fiducioso che con il vostro aiuto potremo tornare alla redditività il prossimo anno. [Come sapete, abbiamo congelato le attività di assunzione a partire da ottobre e continueremo a farlo almeno fino al primo trimestre dell'anno. Abbiamo anche deciso di rinunciare ai bonus di fine anno"].

Queste misure consentiranno all'azienda di destinare maggiori risorse gestionali al marketing e al servizio clienti per aumentare il numero di nuovi clienti. Se riusciremo ad attirare nuovi clienti e a mantenere i rapporti con quelli di vecchia data, nei prossimi mesi assisteremo a un aumento delle entrate. [Abbiamo già ricostruito il nostro magazzino per creare più spazio per le ispezioni e le spedizioni, oltre a una baia di carico più ampia. Il magazzino ricostruito è in grado di gestire il 26% di ordini in più al giorno rispetto all'impianto perduto].

Esempio 2: Licenziamenti (versione individuale)

Memo

TO: [ ].

DA: [ ].

DATA: [ ].

Oggetto: [ ].

Come sapete, stiamo combattendo una battaglia per la sopravvivenza. Diversi dei nostri gruppi di prodotti chiave stanno vendendo peggio del previsto, il che ci impedisce di entrare in nuovi mercati con un potenziale maggiore. È frustrante e scoraggiante che i nostri clienti in Svizzera e in Austria abbiano bisogno dei nostri prodotti e noi non riusciamo a raggiungerli.

Purtroppo, abbiamo scoperto che l'unico modo per lottare per la nostra sopravvivenza è tagliare drasticamente i costi e riallocare le nostre limitate risorse. Non si può portare con sé tutto il personale esperto. È spiacevole dover rinunciare ad alcuni dei nostri collaboratori più validi, ma questa settimana [otto posizioni], compresa la sua, sono state tagliate.

Faremo tutto il possibile per rendere questi licenziamenti più sopportabili, nella misura in cui le risorse limitate lo consentiranno. Riceverete [otto mesi di indennità di licenziamento e di ferie, che vi saranno pagate]. William Strunk Jr, vicedirettore delle risorse umane, vi consiglierà sul vostro percorso professionale. Ha anche una grande quantità di informazioni su corsi di formazione, agenzie di collocamento, ecc.

Se il nostro piano di ristrutturazione procede secondo i piani, nei prossimi nove-dodici mesi potrebbero rendersi vacanti diverse posizioni nel reparto Gestione acquisti. Allora metteremo sicuramente il suo nome in cima alla lista dei candidati. Se tutto va secondo i piani, speriamo di poter riassumere tutto il personale in esubero entro un anno.

Campione 3: Licenziamenti (non personali)

Memo

TO: [ ].

DA: [ ].

DATA: [ ].

Oggetto: [ ].

Il mercato è cambiato radicalmente negli ultimi dieci anni e la nostra strategia come azienda deve adattarsi a questi cambiamenti. In passato, i "telecomandi TV" erano i prodotti più importanti. Naturalmente, rispetto al passato (cinque anni fa), i "componenti TV" rappresentano oggi l'85% del mercato. Nell'ultima riunione del consiglio di amministrazione è stato deciso di chiudere la "linea di assemblaggio" e di concentrare tutte le risorse sulla crescente "produzione di componenti".

La linea di assemblaggio chiuderà il [12 aprile[th]] e ai 22 lavoratori verrà offerto un generoso pacchetto di licenziamento che comprende consulenza di carriera, 12 mesi di stipendio e benefit. I lavoratori che desiderano trasferirsi nell'impianto di produzione in crescita possono presentare domanda in qualsiasi momento.

I responsabili dei dipartimenti che hanno posti vacanti da coprire nei prossimi 8-10 mesi possono inviare le loro descrizioni delle mansioni alle Risorse Umane, per abbinarle ai candidati.

Esempio 4: fusioni

Proclama del periodo Edo rivolto alla popolazione dallo shogunato (o daimyo, ecc.).

TO: [ ].

DA: [ ].

DATA: [ ].

Oggetto: [ ].

Il mondo delle istituzioni finanziarie è cambiato radicalmente e irrevocabilmente in un batter d'occhio. Negli ultimi dieci anni abbiamo assistito a enormi cambiamenti. Le compagnie di assicurazione e altri attori hanno ampliato i loro servizi finanziari. Anche la concorrenza per i clienti è aumentata. Per garantire il nostro successo e la nostra sopravvivenza, il nostro consiglio di amministrazione ha deciso di fondere questa società bancaria con la [Statewide Savings Bank].

La banca risultante dalla fusione manterrà l'attuale denominazione di [SOCIETÀ]. La fusione darà luogo a un raggruppamento di interessi, con ciascun azionista della banca che riceverà [1,62 azioni ordinarie di Statewide] per ogni azione di [SOCIETÀ]. La fusione è soggetta all'approvazione delle autorità di regolamentazione, che si prevede avverrà nel [novembre].

[Ci permette di accedere ad altri mercati, soprattutto nel nord, dove la nostra quota di mercato è inferiore. Offriamo inoltre tecnologie e servizi di supporto all'avanguardia, tra cui uno dei migliori centri dati della regione.

Operiamo in diverse città in cui [Statewide] ha filiali, in alcuni casi nelle stesse strade, quindi [alla fine saranno chiuse tra le 11 e le 15 filiali]. Non sono previsti licenziamenti a seguito di queste chiusure. I dipendenti saranno trasferiti ad altre posizioni che si renderanno disponibili.

La fusione consentirà alle due aziende di crescere ancora più rapidamente di quanto potrebbero fare da sole.

Esempio 5: Morte.

Alcuni sono conosciuti per il loro successo, altri per il loro cuore. Ma pochi sono conosciuti per la loro capacità di fare grandi cose e per la loro disponibilità ad aiutare gli altri. *[Nome della persona]* è una di queste persone e mancherà alla comunità che ha servito.

[Nome] non è mai stato troppo zelante quando si trattava di dare una mano al personale più giovane dell'ufficio o a quello a corto di personale. Se c'era un problema, per quanto grande, non era mai disposto a rimboccarsi le maniche e ad aiutare. Era anche in grado di mettersi nei panni degli altri.

[Nome] era un collega e un amico molto speciale. La perdita di *[nome]* è tragica per tutti noi che abbiamo avuto la fortuna di averlo nella nostra vita e di amarlo come amico.

CAPITOLO 4. Scrivere e-mail Richieste e risposte di vendita

Area di destinazione

Fatturato

Richieste di informazioni sulle vendite.

Risposte alle richieste di informazioni sulle vendite

posta fredda

vendite di e-mail commerciali

Secondo una ricerca di Templafy, un impiegato medio riceve circa 90 e-mail di lavoro e ne invia circa 40 al giorno. Ciò significa che una tipica azienda con 1.000 dipendenti invia 40.000 e-mail al giorno.

Organizzazione

Tutti sanno che la grammatica e la punteggiatura sono importanti, ma molti studenti dimenticano altri elementi altrettanto importanti come la struttura, il tono, l'evitare i cliché e le ripetizioni.

Un testo ben strutturato chiarisce le informazioni più importanti di un'e-mail, in modo che il lettore possa capirle facilmente e non si annoi. I paragrafi sono estremamente importanti. Le ricerche hanno dimostrato che le frasi lunghe spesso inducono le persone a smettere di leggere.

Parole collegate.

Utilizzare parole di collegamento e marcatori del discorso come.

- Primo.

- Come risultato

- Inoltre, inoltre.

- ma

- In conclusione.

Punteggiatura.

Una parola sulla punteggiatura. Le virgole non devono essere né troppe né troppo poche.

Esercizio 1.1.

Utilizzate la punteggiatura corretta nelle seguenti frasi.

1. Durante l'incontro in Galles, tutte le parti interessate si sono dichiarate favorevoli al proseguimento del progetto.

2. Alcuni lavoratori sono più produttivi al mattino, altri alla sera.

3. Cosa fate il lunedì mattina?

4. L'amministratore delegato è in ospedale con un braccio rotto.

5. Capite ora perché sono arrabbiato?

6. Penso che sia un'idea eccellente.

7. L'arrivo è previsto al più tardi per lunedì mattina.

8. PowerPoint può creare un muro tra il presentatore e il pubblico.

9. La maggior parte degli ospiti giapponesi si è seduta in un angolo, ma alla fine si sono uniti a noi e abbiamo avuto un incontro molto utile.

10 Gary V. dice: La vita si restringe e si espande nella misura in cui si è disposti a rischiare e a provare cose nuove.

Risposta

1. Durante l'incontro in Galles, tutte le parti interessate hanno espresso un giudizio positivo sull'avanzamento del progetto.

2. Alcuni lavoratori sono più produttivi al mattino, altri alla sera.

3. Cosa fate il lunedì mattina?

4. L'amministratore delegato è in ospedale con un braccio rotto.

5. Capite perché sono arrabbiato?

6. Ottima idea.

7. Arriverà lunedì mattina, almeno così speriamo.

8.   PowerPoint può essere una "barriera" tra il presentatore e il pubblico.

9.   La maggior parte degli ospiti giapponesi si è seduta in un angolo, ma alla fine si sono uniti a noi per un incontro molto utile.

10.Citazione di Gary V. La vita si restringe o si espande nella misura in cui si è disposti a rischiare e a provare cose nuove".

Suono

Anche il tono è importante e di solito è meglio evitare certe parole nelle e-mail di lavoro. Ad esempio, se nelle e-mail di lavoro sostituite "voglio" con "vorrei", otterrete una reazione più positiva da parte del lettore. "Desidero" è una parola con cui fare molta attenzione, perché dà l'impressione che si stia chiedendo qualcosa senza dare al lettore la possibilità di scegliere. Questo di solito non piace alle persone.

Lo stesso vale per il "bisogno", o meglio per la "richiesta". Questo rende la frase meno disperata, invadente e scortese.

Ulteriori raccomandazioni sono.

"Potete consegnare entro due settimane?". Un'alternativa migliore

Potete consegnare entro due settimane?

Potete consegnare in quindici giorni?

È possibile consegnare entro due settimane?

"Acquisto".

Un'alternativa migliore

acquistare

acquisire

ProCure

"Molto".

Un'alternativa migliore

in particolare

alto

Anche se la parola in sé è neutra, come "molto", può essere usata ripetutamente. Pertanto, quando si scrive, si devono usare sinonimi appropriati per evitare la ripetizione costante delle stesse parole - questo vale anche per le parole cliché come "lavoratore", "motivato", "giocatore di squadra", ecc. Lo stesso vale per le parole cliché come "lavoratore", "motivato" e "giocatore di squadra". Infine, il tempo presente è spesso utilizzato nella corrispondenza formale. Non provate quindi a scrivere un documento commerciale se non lo conoscete bene.

"Dammi".

Un'alternativa migliore

fornire le seguenti informazioni.

"Semplice".

Un'alternativa migliore

semplicemente

L'elenco completo dei vocaboli, con ulteriori esempi, è riportato nell'Appendice A.

Modello di richiesta di informazioni sulle vendite

Spesso il primo contatto tra il team di vendita e un potenziale cliente è un'e-mail con una richiesta di informazioni. Rispondere prontamente e in modo professionale a queste richieste è fondamentale perché lascia una buona prima impressione al cliente, che a sua volta porta a un aumento delle vendite.

Le richieste iniziali di solito richiedono ulteriori informazioni, ad esempio sui tempi di consegna o su prodotti che non sono elencati sul sito web dell'azienda.

I prospect, o prospect in breve, sono *anche chiamati lead (*da non confondere con i già citati *lead time*).

La seguente e-mail proviene da Jennifer Kovac, che lavora per l'azienda L'ufficio acquisti dell'Idyllic Earth Health Market, un negozio di alimenti naturali di fantasia di New York. Si è rivolto a diverse aziende per ottenere più prodotti.

Gentile signor

Mi chiamo Jennifer Kovac e lavoro nel reparto acquisti di un'azienda chiamata Idyllic Earth Health Market. Siamo un negozio di alimenti natural di New York e stiamo cercando di ampliare la nostra gamma di erbe medicinali. Siamo particolarmente interessati al Gambush.

Potreste fornire un listino prezzi per tutti i prodotti che fornite?

Grazie mille.

Carriera

Jennifer Kovac.
Responsabile dell'Ufficio Acquisti
Mercato della salute Terra idilliaca.

Esistono diverse strutture per questo tipo di query.

Un esempio di risposta professionale via e-mail alla domanda di cu sopra è il seguente.

Risposte alle richieste di informazioni sulle vendite

Cara Jennifer.

Grazie per la sua richiesta. Sì, abbiamo in magazzino il Crab Bush (Sutherlandia Frutescens) e possiamo consegnarlo nella vostra regione senza costi aggiuntivi. Quante bottiglie desidera ordinare?

Inoltre, c'è una vasta gamma di altre meravigliose piante medicinali, persino i semi della rara altea (Althea Officinalis).

In allegato trovate il listino prezzi di tutti i nostri prodotti.

Se avete bisogno di ulteriori informazioni, contattateci.

Cordiali saluti,

Kristina Longsworth.

Responsabile vendite

Alimenti salutari della salvia.

Nota: se volete essere più formali e distanti, potete iniziare la vostra e-mail con *Dear Ms. Kovac,* ma questo stile crea una barriera psicologica con il lettore e oggi è meno usato dai madrelingua inglesi in questo tipo di e-mail. Tuttavia, in alcuni Paesi, come l'Europa meridionale e il Sud-Est asiatico, può essere opportuno essere più formali, in linea con le consuete convenzioni di posta elettronica nella lingua locale. Il grado di formalità varia anche da un'area tematica all'altra in tutto il mondo, per cui è consigliabile documentarsi attentamente sulla propria area tematica prima di prendere una decisione.

Modello di esempio per le e-mail di chiamata a freddo

Le e-mail di chiamata a freddo sono l'equivalente digitale della chiamata a freddo. Pur essendo più personali e affidabili delle e-mail di spam, queste e-mail rimangono non richieste. Tuttavia, in alcuni casi possono fornire informazioni preziose e garantire appuntamenti. Ricerche online dimostrano che una percentuale significativa di dirigenti prende un appuntamento o partecipa a un evento dopo aver ricevuto un'e-mail di chiamata a freddo. Potete utilizzare questo modello se non avete mai scritto a qualcuno prima e ritenete che il vostro messaggio sia prezioso.

Per inviare un'e-mail di questo tipo e assicurarsi che il destinatario non la classifichi come "spam", è necessario effettuare prima una ricerca su ogni potenziale cliente. È importante notare che questa e-mail contiene informazioni personali che il venditore ha ottenuto attraverso ricerche online e offline. Questo è molto importante perché non solo dimostra professionalità, ma significa anche che state inviando e-mail a persone che potrebbero essere interessate al vostro prodotto o servizio. Ad esempio, non ha senso inviare un'e-mail a una catena di ristoranti per vendere loro un prodotto di bellezza.

Gentile signor

Rappresento un fornitore di piante medicinali e materie prime chiamato Sage Health. La nostra specialità sono le materie prime biologiche, soprattutto quelle difficili da reperire.

Per la prima volta a New York, vendiamo un raro gel di altea (Althea officinalis). Questo prodotto è un ingrediente biologico anti-invecchiamento molto popolare, utilizzato nelle creme di bellezza. Poiché abbiamo notato che il vostro negozio offre una propria gamma di prodotti di bellezza naturali, abbiamo pensato che questo prodotto potesse interessarvi. Siamo convinti che questo prodotto amplierà in modo significativo la vostra gamma di prodotti e porterà a un aumento dei ricavi nel lungo periodo.

Volete incontrarci nella vostra zona giovedì 18 aprile per ricevere campioni gratuiti per la vostra attività? Saremo poi a disposizione per rispondere a qualsiasi domanda sui nostri prodotti.

Grazie per il suo tempo.

Cordiali saluti,

Kristina Longsworth.
Responsabile vendite
Alimenti salutari della salvia.

Capitolo 5: Come essere persuasivi e convincenti

I professionisti che vogliono avere successo devono pianificare e preparare varie forme di comunicazione scritta e orale nel corso della loro carriera. Ad esempio, devono parlare in modo convincente di questioni importanti in e-mail, proposte e presentazioni.

Di seguito sono riportati alcuni esempi di compiti.

Siete il manager di una società di marketing che vende prodotti per la cura della pelle. Dovete scrivere una proposta per convincere il vostro team a entrare in un nuovo mercato in Asia. Nella proposta dovete dichiarare che.

1. Qual è la situazione attuale dell'azienda?
2. Ha condotto ricerche di mercato e proposte necessarie per il futuro.
3. Pianificare il successo.

Anche se abbiamo utilizzato una breve proposta come esempio, questi principi possono essere facilmente applicati a e-mail e presentazioni.

Prima di iniziare a scrivere, è importante conoscere lo scopo dello scritto. In una proposta, lo scrittore deve convincere il lettore.

Attenersi sempre ai fatti.

Quando si cerca di convincere qualcuno di qualcosa, bisogna fornire ragioni ed esempi a sostegno della propria argomentazione. I fatti sono un modo eccellente per convincere le persone perché parlano da soli. Utilizzate almeno tre punti chiave.

Quando si introduce un nuovo elemento, si possono usare varie frasi di transizione, *come ad esempio in aggiunta a, tuttavia, inoltre, inoltre, anche, inoltre, inoltre, inoltre, inoltre.*

I fatti convincono il lettore o l'ascoltatore e supportano la vostra affermazione. Le informazioni concrete a sostegno della vostra opinione sono essenziali. Prestate molta attenzione a questo aspetto quando preparate proposte e presentazioni, perché può fare la differenza tra vincere e perdere!

Nell'introduzione si noti che non si inserisce la propria opinione, ma si presentano semplicemente le cose come sono.

In questo esempio, l'introduzione sarà simile a questa.

Introduzione.

La proposta offre opportunità di espansione ad altri mercati e un piano d'azione per il suo successo.

Siate specifici e spiegate in dettaglio.

Evitate di fare affermazioni troppo generiche senza dati concreti. Questo vi fa apparire pigri, inefficienti e inaffidabili. Se perdete la fiducia del pubblico, la vostra proposta verrà gettata nel cestino dei rifiuti o, nel caso di una presentazione, striscerà sul palco con i pantaloni abbassati e farà il verso della gallina che si agita.... Una volta persa la fiducia, è finita.

Pensateci.

Opzione 1: "Le persone nei Paesi asiatici amano acquistare prodotti di bellezza e

La Cina è il Paese più grande della regione con 1,386 miliardi di persone (2017)".

Opzione 2: "Nel 2017, l'industria globale dello sbiancamento aveva un valore di 4,8 miliardi di dollari e si prevede che crescerà fino a 8,9 miliardi di dollari entro il 2027, guidata dalla classe media emergente in Asia-Pacifico. Una recente ricerca del World L'organizzazione sanitaria ha scoperto che il 40% delle donne cinesi usa regolarmente creme sbiancanti".

Se avete scelto l'opzione 2, avete ragione: la seconda frase contiene parole e dati più specifici e concreti. Questo aiuta a restringere il campo d'azione e ha maggiori probabilità di convincere il pubblico.

Utilizzare le tre forze.

Offrire al lettore una scelta è molto efficace per convincerlo. Se si offrono solo uno o due punti, il lettore avrà la sensazione che le sue opzioni siano limitate. Potrebbe pensare di essere messo alle strette e di non avere altra scelta. È meno probabile che accetti le vostre proposte.

Esercizio

Stabilite quanto è convincente ciascuna delle seguenti affermazioni e perché.
Quale ti piace di più?

A. La soddisfazione del cliente è di fondamentale importanza.
B. È importante offrire ai clienti ciò di cui hanno bisogno.
C. Se non ci prendiamo cura della comunità, i nostri profitti diminuiranno.
D. All'interno dei nostri siti produttivi ci sono diverse regioni in cui è necessario coprire i mercati.
E. Queste regioni hanno un elevato potenziale di mercato, poiché le infrastrutture sono in fase di sviluppo per soddisfare le esigenze del mercato.
F. Molti clienti hanno suggerito di creare una base di mercato vicino a loro, in modo da non dover venire da lontano per fare acquisti.
G. Questo prodotto non è popolare nei mercati asiatici.
H. In Asia ci sono molte persone a cui piace questo prodotto, quindi possiamo fare soldi creando un mercato in Asia.

Risposte alle domande pratiche

La soddisfazione del cliente è di fondamentale importanza.

Commento Questa è un'opinione, non un fatto. Può sembrare che sia vera, e la maggior parte delle persone sarà d'accordo. Tuttavia, è importante attenersi a ciò che può essere dimostrato. Questa affermazione non è la migliore.

È importante offrire ai clienti ciò di cui hanno bisogno.

È anche un'opinione che difficilmente convincerà il lettore. È anche un'opinione piuttosto pericolosa. Significa forse che l'azienda cederà a qualsiasi richiesta, per quanto irragionevole o dannosa possa essere per l'azienda?

Se non ci prendiamo cura della comunità, i nostri profitti diminuiranno.

Questo può sembrare un dato di fatto, ma non viene fornita alcuna prova concreta. È necessario prestare attenzione affinché l'affermazione "se" sia convincente, poiché afferma una condizione che non è un dato di fatto.

All'interno dei nostri siti produttivi ci sono diverse regioni in cui è necessario coprire i mercati.

In questo caso si tratta di una buona affermazione, perché indica che ci sono informazioni a sostegno dell'affermazione. Anche se i dati non sono esplicitamente menzionati, sono verificabili e possono portare a ulteriori discussioni e azioni.

Queste regioni hanno un elevato potenziale di mercato, poiché le infrastrutture sono in fase di sviluppo per soddisfare le esigenze del mercato.

Questo aspetto è meno problematico, poiché esistono prove a sostegno dell'affermazione che l'infrastruttura è in fase di sviluppo. Per essere convincenti, è importante utilizzare opinioni supportate da alcuni dettagli.

Molti clienti hanno espresso il desiderio di avere un mercato vicino a loro, in modo da non dover venire da lontano per fare la spesa.

È una buona scrittura persuasiva che convince davvero azionisti e datori di lavoro perché proviene direttamente dal cliente. Quando si persuade, è anche molto importante pensare al lettore o all'ascoltatore. Cercate di mettervi nei panni dell'altra persona.

Questo prodotto non è popolare nei mercati asiatici.

Non utilizzate frasi troppo vaghe o imprecise. Questa frase avrebbe bisogno di una maggiore elaborazione per essere sostenuta.

Dove sono le prove? Sono necessarie ulteriori informazioni per essere convincenti.

È possibile passare a **Ricerche hanno dimostrato che i mercati asiatici spendono di più per i prodotti di bellezza che per gli articoli di uso quotidiano. Quindi, se si riesce a implementare una strategia efficace sui social media, il lancio di creme di bellezza sarà un successo.**

CAPITOLO 6. Email professionali per le trattative salariali

Questo capitolo affronta questioni delicate e importanti **relative alla retribuzione (detta anche compenso)**. Questa situazione si verifica di solito quando un dipendente chiede un aumento di stipendio dopo alcuni anni di lavoro. La maggior parte delle aziende ha una struttura retributiva basata sul titolo di lavoro e sulle qualifiche. Tuttavia, ci sono molti casi in cui un dipendente ha dato un contributo maggiore all'azienda rispetto al momento del suo ingresso, anche se non ci sono posti vacanti per l'avanzamento di carriera. Ad esempio, un dipendente di un debitore ha avuto un grande successo nel generare reddito per l'azienda da fatture non pagate che **altrimenti sarebbero state trattate come** crediti inesigibili. Supponiamo inoltre che questo dipendente debitore abbia dimostrato forti doti di leadership e abbia recentemente conseguito una laurea o una qualifica in gestione finanziaria, software, leadership, regolamentazione o un altro campo rilevante. Questo lavoratore non sarebbe visto negativamente se cercasse coraggiosamente di ottenere una retribuzione migliore.

Secondo l'articolo *How To Ask For A Raise (Come chiedere un aumento)* di TheCut.com, è molto improbabile che un aumento danneggi la relazione, anche se il capo *lo rifiuta.*

A) "Sta chiedendo una somma di denaro che è lontana dal mercato per il suo lavoro?".

B) "Lei ha un buon curriculum lavorativo. Non sarà svantaggiato se chiederà una revisione della sua retribuzione.

C'è un altro consiglio che potrebbe essere utile. Si tratta di. TheBalanceCareers.com. Raccomanda di avere altre opzioni nel caso in cui il vostro capo *vi rifiuti, in modo che* possiate almeno andarvene con un ambiente di lavoro migliore e altri vantaggi.

Tenete pronte altre opzioni per la negoziazione.

Nessuno vuole accettare un "no" come risposta, ma un rifiuto dà la possibilità di fare un'altra offerta. Vi piacerebbe lavorare da casa un giorno alla settimana? Avete bisogno di un nuovo telefono cellulare o di un computer portatile per il lavoro? Volete partecipare a una conferenza o a un evento di settore? I capi sono più propensi a dire "sì" alle richieste più piccole dopo aver detto "no" a quelle più grandi.

Il primo passo nelle trattative salariali è di solito quello di fissare un appuntamento con il proprio manager e di esporre di persona le proprie preoccupazioni. I vantaggi di un incontro faccia a faccia sono numerosi e susciteranno senza dubbio una risposta positiva. Tuttavia, è necessario un alto livello di motivazione perché il vostro capo sia ricettivo all'idea e prenda un appuntamento per parlare con voi.

Come scrivere un'e-mail per chiedere un aumento di stipendio.

Scoprite la retribuzione del vostro lavoro nella vostra regione. Prima di tutto, dovete sapere quanto valgono le vostre competenze ed esperienze sul mercato...

Scegliere il momento migliore Esiste una politica o una prassi nella vostra organizzazione che consente, ad esempio, di aumentare lo stipendio durante i periodi di valutazione delle prestazioni? ...

Vuole un aumento di stipendio...

Sostenete la vostra candidatura con le prove che ve la meritate....

Utilizzare call-to-action... (ad esempio, incontri, telefonate, risposte alle e-mail).

Il seguente modello di e-mail può essere utilizzato per avviare una discussione.

Dinamiche di base della negoziazione

Questi cinque possibili esiti dell'interazione umana rappresentano la mentalità e il potenziale generale dell'interazione umana. Questo perché la mentalità "vincente" porta inevitabilmente a uno degli altri paradigmi, in quanto non ci si preoccupa del risultato purché si vinca.

-Vincere/Vincere è una mentalità che non accetta l'ingiustizia e si sforza di avvantaggiare gli altri. L'interazione con gli altri non è una lotta, ma una collaborazione per ottenere vantaggi e valori reciproci.

-Vincere/perdere. Questo atteggiamento cerca di creare una situazione in cui uno vince e l'altro perde. È necessario nella competizione e nella guerra, ma probabilmente è utile solo in queste situazioni specifiche e non nelle interazioni quotidiane (negli affari e nella vita personale). Ad esempio, una situazione win-win con dipendenti, colleghi, partner e clienti è molto più efficace e vantaggiosa nel lungo periodo. Per i concorrenti, ad esempio, può essere appropriato il termine "win-lose".

• **Perdere o vincere**. Questo ha portato alla cattiva reputazione degli "uomini buoni". Il problema è che gli uomini veramente buoni non giocano a questo gioco. Questo gioco è più per i "fifoni". Quando qualcuno costringe le persone a fare qualcosa per evitare un confronto, può essere molto dannoso per tutte le persone coinvolte.

• **Perdere/perdere**. Questo mette insieme due persone, dipartimenti o aziende che vincono o perdono. In questo caso non vince nessuno.

• **Nessun accordo: Esiste la** possibilità che non si raggiunga un accordo o che l'interazione non porti benefici a nessuna delle due parti. Si tratta di un No Deal.

Chi sono le persone che vincono di più?

- Si considerano persone oneste e coerenti e hanno e seguono un certo codice morale.

- Maturo - comprende il mondo e vede il "quadro generale".

- Sono ricchi di spirito. Tutti loro sono in abbondanza. Tutti noi possiamo beneficiare di questa opportunità

Email professionale per trattative salariali. Modello.

Caro signor Johnson.

Lavorare presso Trincom Enterprises come impiegato addetto alla contabilità è un piacere e da quando sono entrato nel 2001 faccio parte di un team leale e integro che sviluppa modi innovativi per servire il settore.

Ad esempio, solo l'anno scorso sono stati raggiunti i seguenti obiettivi

- Sono stati vinti due nuovi conti chiave, con un aumento del fatturato totale del 5%.

- Formazione volontaria di cinque nuove reclute, che hanno svolto un totale di 35 ore di lavoro volontario.

Ritengo di essere al di sopra del benchmark stabilito per la mia posizione nell'ultima valutazione.

Vorrei quindi organizzare un incontro con la vostra azienda per discutere delle mie prestazioni e delle mie attuali competenze, nonché di un aumento di stipendio del 5%, che ritengo sia in linea con la media del settore.

Ancora una volta, sono felice di far parte di questo reparto e non vedo l'ora di affrontare il prossimo progetto nel prossimo futuro.

Grazie per aver trovato il tempo di parlare con noi. Ci auguriamo di parlare presto con lei.

Con i migliori saluti

Kimberly John.

Nota: questo modello può essere utilizzato per qualsiasi altra negoziazione salariale con alcune modifiche.

Modello di negoziazione salariale 2.

Esistono modelli per diversi tipi di lavoro e situazioni, ad esempio se non si riesce a pensare a nessun beneficio evidente ma si desidera un aumento di stipendio.

Caro signor Johnson.

Lavoro con fedeltà ed efficienza come impiegata debitrice per Trincombe Enterprises dal 2001. Raramente mi assento per malattia, le mie valutazioni delle prestazioni sono sempre positive e il mio lavoro è sempre accurato e puntuale.

Mi è stata data l'opportunità di parlarvi di un piccolo aumento di stipendio. Non chiedo una somma elevata, ma solo un aumento del 10% del mio stipendio attuale.

Vi assicuro che se la mia candidatura dovesse essere respinta per motivi indipendenti dalla volontà dell'azienda, comprenderò e continuerò a godermi il mio lavoro e il mio team come prima.

Calore e conoscenza.

Kimberly, John.

Capitolo 7: Lettere di presentazione e risposte alle offerte di lavoro via Linkedin e e-mail

Questa sezione riguarda l'importantissima lettera di presentazione, nota anche come lettera di motivazione. Lo scopo di questa lettera/email è quello di mettere in evidenza le vostre competenze e i vostri risultati e il motivo per cui siete un candidato forte per il lavoro.

Questa lettera o e-mail deve essere assolutamente adattata all'offerta di lavoro. Sarebbe un errore inviare la stessa lettera di presentazione a diversi selezionatori.

Fate più ricerche possibili sull'azienda. Quando scegliete un lavoro, dovete fare bene le vostre ricerche per essere pienamente informati. Volete lavorare innanzitutto per questa azienda, non per un'azienda qualsiasi! Assicuratevi di essere chiari su questo punto. Questo è un punto molto importante che molte persone in cerca di lavoro trascurano.

I consigli sulla stesura dei CV sono oggi utili perché molte delle caratteristiche dei CV sono incluse anche nelle lettere di presentazione. Ad esempio, le hard skills e le soft skills. Le *hard skills sono le* competenze tecniche quantificabili apprese in un istituto scolastico. Le soft skills *sono* abilità innate o sviluppate, come l'intelligenza emotiva e i tratti della personalità, che massimizzano le prestazioni delle hard skills e facilitano l'integrazione dei dipendenti nell'ambiente di lavoro.

Esempi di hard skills

- Contabile

- Tecnologia

- Programmazione

- scrittura tecnica

- Design grafico

- Gestione del progetto

Le competenze trasversali comprendono.

- Capacità di comunicazione e ascolto

- Elevata capacità organizzativa

- Automunito e laborioso

- Paziente, amichevole, positivo

- emotivamente intelligente

Focus

Nella lettera di presentazione dovete concentrarvi sull'azienda, non su voi stessi. Invece di parlare di quanto sia buona l'opportunità per voi, concentratevi su come potete contribuire all'azienda. Ricordate inoltre che tutti usano un linguaggio simile nella loro lettera di presentazione. Alcune parole sono diventate così comuni al giorno d'oggi che il loro uso difficilmente può raggiungere l'obiettivo di distinguervi dagli altri candidati Non aspettatevi quindi di elencare parole abusate nella vostra lettera di presentazione e di avere successo. Mettete in evidenza i vostri punti di forza e le vostre esperienze uniche e dimostrate come siano la soluzione perfetta ai problemi dell'azienda.

Esempio di lettera di presentazione 1

In un soleggiato mercoledì pomeriggio, Lisa Chan ha incontrato il lavoro dei suoi sogni.

Execu Max è un'agenzia di reclutamento in crescita che si concentra sulle esigenze del settore IT. L'azienda è attualmente in rapida espansione e sta cercando un Recruitment Manager dinamico ed esperto per il suo nuovo ufficio a Città del Capo. Il nuovo Recruitment Manager dovrà gestire un team di 23 reclutatori. Le nostre attività sui social media includono un blog aziendale, quindi sono preferibili persone articolate ed energiche.

Lettera di presentazione del vincitore, Chan.

Lisa Peterson.

123 Main Street.

Pretoria, SA, 5432

+12 345 6789

lisap@gmail.com 1

aprile 20xx.

Jacky van der Merwe.

Responsabile del Dipartimento Risorse Umane

Exemax

1111 Avenue.

Città del Capo, SA 6789.

+98 765 4321

Caro vd Merwe.

Con la presente mi candido per la posizione di Recruitment Officer presso la sede centrale di Città del Capo, pubblicizzata su LinkedIn. Ho conseguito un MBA in Risorse Umane e attualmente gestisco Talent Recruiter. Scout. Due anni fa sono stata promossa da Assistant Recruitment Manager a Recruitment Manager. Executive Max ha bisogno di qualcuno che possa contribuire anche ai vlog dell'azienda e io ho esperienza in questo campo. Attualmente creo e modifico video per un'organizzazione che ho fondato e sono articolata, vivace e a mio agio davanti alla telecamera.

Sono molto orgoglioso del fatto che, circa sei mesi dopo il mio ingresso in Talent Scout, abbiamo iniziato a passare a un ATS (Applicant Tracking System) migliore e siamo riusciti ad aumentare il numero di candidati. È stato difficile perché alcuni dei dipendenti più anziani non sapevano usare il computer e il morale era basso. Per mantenere il personale motivato, l'azienda ha abbinato il personale più anziano a quello più giovane per una "sfida di due settimane", che alla fine ha portato a un aumento delle entrate, a un trasferimento di competenze e a un miglioramento dell'ambiente di lavoro.

Sono convinto che Executive Max trarrà grande beneficio dalla mia esperienza e dal mio entusiasmo e sono molto grato per l'opportunità di lavorare per un'azienda così rinomata. Il mio attuale datore di lavoro è consapevole del mio desiderio di vivere vicino alla mia famiglia a Città del Capo e sarà lieto di fornirmi una lettera di raccomandazione entusiasta.

Grazie mille! Avremo un colloquio telefonico la prossima settimana.

Appropriato.

Lisa Peterson.

Esempio di lettera di presentazione 2

Questo è un esempio di lettera di presentazione per un laureato o un diplomato in cerca di lavoro.

Annunci di lavoro

Ingegnere junior per l'assistenza desktop (MKT176)

Si cercano desktop junior.
In qualità di Support Engineer, il vostro lavoro si svolgerà presso la sede del cliente a Rosebank.

Il candidato ideale ha esperienza nella diagnosi e nella risoluzione di problemi software e hardware in ambiente Microsoft e nell'installazione di applicazioni e programmi.

In questo ruolo, sarete responsabili della risoluzione di problemi di rete, della configurazione del sistema operativo e dell'assistenza rapida tramite connessioni desktop remote. È necessario avere familiarità con l'assistenza telefonica e tramite messaggeria.

Per essere presi in considerazione per questa posizione, è necessario essere in possesso di una laurea in un settore pertinente, come l'informatica, l'IT o l'ingegneria del software. Le qualifiche Microsoft o simili costituiscono un vantaggio. Se vi piace aiutare le persone a risolvere i problemi informatici e siete in grado di spiegare i dettagli tecnici in termini semplici, saremo lieti di ascoltarvi.

In definitiva, i nostri clienti devono potersi fidare di noi. I clienti si fidano di noi per la risoluzione tempestiva e accurata dei loro problemi tecnici.

- Ricerca di software e soluzioni e problemi hardware
  - Porre domande mirate ai clienti e identificare rapidamente la causa del problema.• Seguire i problemi con i sistemi informatici e risolverli entro le scadenze concordate.

Neville Medhora 085 669 2587

28 gennaio 20xx.

Adozione Contac

Gentile signor

Sono laureato in informatica presso l'UNISA e vorrei candidarmi per la posizione di Support Engineer pubblicizzata online. Sono specializzato in reti e sicurezza.

I vostri clienti cercano qualcuno che sappia rispondere rapidamente ai loro clienti. Per me questo è uno dei compiti più importanti. Perché un buon servizio clienti è fondamentale per mantenere e aumentare le entrate.

Perché non solo ho le competenze tecniche necessarie per questo lavoro, ma sono anche paziente, amichevole e positiva. All'università, ero molto apprezzato nei padiglioni di residenza e persino dai docenti come punto di contatto per i problemi informatici. Ha buone competenze hardware e ha dimestichezza sia con Microsoft che con Linux.

Si prega di consultare il CV allegato per ulteriori dettagli. Ho la mia auto e la patente di guida.

Grazie per il suo tempo.

Cordiali saluti.

Neville Medhola.

Analisi del caso di studio

La lettera di presentazione di cui sopra è onesta e concisa. Il candidato non ha esperienza lavorativa, ma questo non viene menzionato nella lettera. L'attenzione si concentra invece sulle sue competenze e sul modo in cui esse saranno utili all'azienda. Facendo riferimento direttamente agli elementi dell'annuncio di lavoro, la lettera di presentazione dimostra di essere adeguata ai requisiti dell'azienda.

Esempio di lettera di presentazione 3. Gestire le possibili obiezioni

Il seguente caso di studio riguarda Mary Stewart, una madre single di due figli che non lavora da diversi anni per potersi concentrare sui figli. Essere una madre dedita al lavoro è ammirevole, ma le aziende purtroppo devono valutare chi è più adatto agli interessi dell'azienda. Chi è disoccupato da diversi anni è molto probabilmente svantaggiato, perché le sue competenze potrebbero essere obsolete o le condizioni di mercato potrebbero essere cambiate. Inoltre, i genitori hanno spesso problemi urgenti con la cura dei figli e possono avere improvvisamente bisogno di un giorno o due di ferie, e le aziende sono preoccupate per l'impatto sulla loro produttività. In passato, questi problemi erano rari, perché le madri restavano a casa per badare ai bambini e gli uomini potevano concentrarsi sul lavoro.

I problemi moderni hanno bisogno di soluzioni moderne e i genitori, in particolare quelli single, devono rassicurare le aziende sul fatto che dispongono di solidi sistemi di supporto per ridurre al minimo i problemi. Leggete come Mary affronta questi temi nella sua lettera di presentazione.

In questo caso salta il solito contenuto della lettera di presentazione e passa direttamente alla parte in cui affronta le presunte obiezioni.

Essere genitori è una grande responsabilità e non voglio che i miei doveri di genitore interferiscano con il mio lavoro o viceversa. Per questo motivo ho diversi familiari che mi sostengono e ho anche creato un account per un servizio di babysitting di emergenza nel caso in cui mio figlio non possa andare a scuola e io non abbia più un familiare che mi sostenga.

La cosa più importante per me come assistente personale è una buona capacità organizzativa, che credo di aver sempre posseduto. Recentemente sono stata responsabile di tre assistenti e di un direttore. A volte è stato difficile, ma sono riuscita a gestire la pressione.

Per maggiori informazioni sul mio background, consultare il mio CV.

Analisi del caso di studio

Mary è aperta e professionale. Ha persino supportato tre dirigenti aziendali molto impegnati con un piano di emergenza e, vedendo come ha organizzato l'assistenza ai bambini, si ha la sensazione che sia sicuramente una dipendente efficiente e organizzata!

Esempio di lettera di presentazione 4. metodo phoenix per riprendere il lavoro dopo la disoccupazione.

C'è un'altra lettera di presentazione da considerare: quella per chi è disoccupato da molto tempo. Abbiamo iniziato con coloro che hanno già un lavoro. Questi candidati hanno un'esperienza comprovata e possono permettersi di candidarsi solo per i lavori a cui sono realmente interessati, il che facilita l'assunzione da parte delle aziende, che decidono che questo lavoratore è probabilmente adatto. in secondo luogo, i giovani lavoratori che si sono appena laureati e sono freschi e poco costosi. In secondo luogo, coloro che hanno lasciato volontariamente l'azienda. Anche questo è un punto a favore, perché si ritiene che se ne siano andati in buone condizioni senza essere licenziati.

Il quarto scenario riguarda una persona disoccupata da molto tempo. Il motivo della lunga assenza è solitamente la mancanza di un numero sufficiente di posti di lavoro a causa di fattori economici nel mercato del lavoro, ad esempio il ridimensionamento della regione o dell'industria. In questo caso, è facile spiegare l'assenza e, dopo aver menzionato il licenziamento, aggiungere una componente del terzo esempio appena visto, in cui si considerava un candidato disoccupato da tempo, se questo è il caso. In questo modo potrete eliminare eventuali obiezioni o dubbi del datore di lavoro.

Volete rassicurare i potenziali datori di lavoro che non solo siete proattivi e vi tenete aggiornati sulle ultime novità, tecnologie e pratiche del settore, ma anche che siete migliorati come dipendenti. Il modo in cui descrivete la vostra esperienza è importante.

Quando si è disoccupati da un po' di tempo, la situazione può diventare un po' personale e difficile da raccontare. Cercate quindi di non farlo. Concentratevi su ciò che avete fatto finora e cercate di tenervi aggiornati sul mercato.

Se il motivo del vostro licenziamento o dell'abbandono dell'azienda è stato o potrebbe essere interpretato negativamente nei vostri confronti, dovreste evitare di menzionarlo se possibile. Se il vostro nuovo datore di lavoro ha una documentazione verificabile, è meglio rispondere onestamente quando vi viene chiesto di parlarne. Potrete quindi concentrarvi sul modo in cui l'esperienza vi ha aiutato a migliorare come dipendenti e come persone.

Studio di caso.

Questo è Henry. Henry è un alcolista in via di guarigione di 38 anni. Lavorava come magazziniere da 13 anni quando è stato accusato di guida in stato di ebbrezza, il che ha comportato una condanna a 12 mesi di carcere e il suo rilascio. Henry si vergognava profondamente dell'incidente ed era determinato a rimettersi in piedi. Frequentava regolarmente le riunioni degli Alcolisti Anonimi e svolgeva servizio volontario per la comunità. Tuttavia, essendo disoccupato, non poteva mentire, soprattutto perché aveva precedenti penali ed era stato scartato a favore di un candidato più adatto, anche se il suo precedente datore di lavoro non glielo aveva detto. Cominciò a disperarsi. Cominciò a disperarsi, soprattutto perché non poteva mentire sul fatto di essere stato scartato a favore di candidati più idonei, anche se il suo precedente datore di lavoro gli aveva detto che aveva dei precedenti penali.

Nella pagina successiva troverete un esempio di ciò che Henry può scrivere.

Gentile signor

Mi candido per la posizione di addetto al magazzino presso JC Enterprises.

Ho iniziato come impiegato di magazzino e ho fatto carriera fino a diventare responsabile di magazzino presso XYZ Ltd tra il 2001 e il 2012. Grazie alla mia leadership e alla mia etica lavorativa, il personale era molto motivato, non si lamentava mai degli straordinari e lavorava sodo per l'azienda. Di conseguenza, il magazzino funzionava molto bene e i nostri clienti erano soddisfatti, per cui non abbiamo mai avuto problemi di fidelizzazione dei clienti.

Sono diventato un alcolizzato e sono stato licenziato dal mio lavoro, e vi dirò francamente perché.

Ho superato con successo il mio problema con l'alcol e questa esperienza mi ha davvero cambiato in meglio. Sono sobrio da oltre due anni e, sebbene sia molto stressato a causa della mia disoccupazione, la forza di volontà e i programmi di sostegno mi hanno permesso di mantenere la rotta e di condurre una vita attiva e produttiva.

La vostra azienda ha molti clienti e molte cose da fare, quindi è una buona scelta assumermi perché non ho bisogno di formazione, posso solo familiarizzare con le procedure specifiche dell'azienda. Poi posso mettermi subito al lavoro.

Continuo inoltre ad abbonarmi a Warehouse Weekly, una rivista online che si occupa di magazzino e logistica. Alcune delle mie idee su come massimizzare l'efficienza potrebbero interessarvi.

Sarei molto interessato alla possibilità di lavorare nella vostra azienda. Avrò un colloquio telefonico la prossima settimana.

Cordiali saluti,

Henry Tovey.

Analisi del caso di studio Effetto Phoenix

Henry si occupa di come può essere utile all'azienda, cosa che viene chiaramente espressa nel primo paragrafo. In realtà, è un dipendente quasi perfetto, a parte alcuni piccoli errori commessi in passato. Tuttavia, dimostra umiltà e crescita, qualità che sono lodevoli sia in un dipendente che in una persona.

Nella mitologia classica, la fenice è considerata un uccello speciale che vive 500-600 anni nel deserto arabo. Poi risorge dalle sue ceneri con una nuova giovinezza e vive un altro ciclo. L'immagine della fenice è spesso usata per descrivere la gloriosa resurrezione di qualcuno o qualcosa dopo un disastro, contro ogni previsione. A tutti piace un buon vecchio ritorno, e il reclutamento non è da meno.

I reclutatori sono esseri umani e le emozioni umane influenzano le loro decisioni. Se raccontate la vostra storia in modo da fare appello alle emozioni e alla logica, di solito vincerete. Tutti acclamano l'eroe caduto che risorge come una fenice dalle ceneri e ha successo nella sua scia. Tutti amano e rispettano la persona brillante e instancabile che non si arrende mai, che continua a cercare di imparare e migliorare. Ma non dimenticate che potete convincere un selezionatore solo se presentate prove logiche e solide.

In questi casi, c'è il rischio di un vuoto occupazionale, quindi è importante parlare in modo onesto ma professionale e con dignità. Non parlate di religione perché non è direttamente collegata al lavoro. Tuttavia, se l'azienda a cui vi candidate è una scuola o un'organizzazione religiosa, è accettabile menzionare che le vostre convinzioni religiose sono le stesse e che quindi siete adatti alla cultura dell'azienda.

Concentrate la vostra storia su come potete contribuire all'organizzazione, non sulle difficoltà che avete incontrato. Se costruite la vostra storia in modo corretto, potete trasformare la vostra più grande debolezza nel vostro più grande punto di forza. Basta pianificare, organizzare propri pensieri ed esprimerli in un modo che risuoni con le persone.

Appendice A - Elenco dei vocaboli

Fatturato - vendite, profitti;

lead time - tempi di consegna

un lead - un cliente potenziale o potenziale.

Reparto acquisti - il reparto di un'azienda responsabile dell'intero processo di acquisto.

Firma e-mail vs. firma - La firma e-mail è un blocco di testo aggiunto alla fine di un messaggio e-mail, spesso contenente il nome e le informazioni di contatto del mittente. La firma è il nome di una persona scritto in modo distintivo per autenticare un assegno o un documento, o per identificarsi quando si firma una lettera.

Destinatario - Beneficiario.

Retribuzione - Stipendio (Considerare il premio)

Meticoloso - impeccabile, perfetto, attento ai dettagli.

Team - Un team in un'azienda si riferisce di solito ai colleghi, soprattutto a quelli che appartengono allo stesso reparto, come ad esempio un team di vendita.

Ammortamento - verbo frasale - cancellare una voce dalla contabilità.

Admin - verbo - abbreviazione di amministrazione. Si riferisce a un'attività che comporta l'uso di carta, archiviazione, fotocopie, ecc. Si parla di amministrazione quando si svuotano le cartelle dai file cancellati, si organizzano i file e le cartelle, si rinominano i file per renderli più facili da controllare in seguito, si archiviano le fatture stampate e i contratti firmati in cartelle, ecc.

Vibrante - vivo, con energia ed entusiasmo. Può riferirsi a un colore o a una persona.

Incumbent - un termine oggi raro, ma ancora utilizzato negli annunci di lavoro per descrivere i potenziali dipendenti.

Vlog - versione visiva/video di un blog scritto

Competere - competere l'uno con l'altro.

Essenzialmente - permanente, immutabile o inconfondibile.

Un altro esempio è "il lavoro è intrinsecamente pericoloso". Per ricordare questo termine nel contesto in cui viene usato, dobbiamo ricordare che Ereditiamo la ricchezza dai nostri genitori. Da loro ereditiamo anche i geni. Le qualità intrinseche sono come tratti del carattere che non possono essere appresi; siamo nati così.

Eventi imprevisti: Accantonamenti per eventi o circostanze future che possono verificarsi ma che non possono essere previsti con certezza, o per eventi che possono verificarsi.

Vocabolario professionale per le e-mail. Progettare le vostre e-mail in modo professionale.

Il seguente elenco contiene sinonimi che forniscono specializzazione e diversità nei documenti aziendali.

Necessità - richiede

Potete consegnare entro due settimane - - Potete consegnare entro due settimane?

Comprare - acquisire, procurare

Molto, soprattutto

Darmi - fornirmi

Semplice - semplice

Aiuto - Assistenza.

Vendita - Consegna

CAPITOLO 8. Trasmissione di riferimenti per posta elettronica.

Questa sezione riguarda la lettera di presentazione, che è una parte essenziale delle e-mail commerciali.

In primo luogo, vengono forniti suggerimenti sulla struttura del testo, quindi si esamina il tipo di linguaggio da utilizzare. Infine, ci si esercita sul linguaggio, sulla grammatica e sul vocabolario necessari per rendere i testi credibili.

Inviare il riferimento per e-mail.

Questo tipo di email commerciali richiede di fornire referenze di colleghi e amici a potenziali datori di lavoro e partner.

Può essere utile annotare le espressioni che è utile includere.

Parole utili per lettere ed e-mail come queste

Conosco X da sempre: ....

Sono convinto che sia così.

Non ho alcuna esitazione a raccomandare questa persona ...

X è estroverso, affidabile, sicuro di sé e di

mentalità aperta.

Gli elementi chiave sono quattro: Contenuto, struttura, linguaggio e raggiungimento delle abilità comunicative. È importante che tutti i contenuti rilevanti siano inclusi nella scrittura e presentati in modo chiaro.

Ecco un tipico esempio di e-mail formale. Esercitatevi a identificare i contenuti importanti mentre procedete in ordine cronologico.

Leggete gli esempi e rispondete alle seguenti domande.

1. qual è la prima informazione importante a cui fare riferimento nella risposta?

Il vostro collega ha fatto domanda per un lavoro come consulente di marketing online per un cliente di lingua inglese presso una nota società di marketing. La società di marketing vi ha chiesto di scrivere una lettera di raccomandazione per il vostro collega. Nella vostra lettera di raccomandazione, dovrete indicare in che misura siete legati alla persona in questione. Dovreste anche approfondire la sua personalità e spiegare perché è la persona giusta per il lavoro.

Riferimenti scritti. (220-260 parole)

Prima impressione

È importante utilizzare un registro formale. Ad esempio.

"A tutte le parti interessate.

Mary e io abbiamo lavorato insieme alla J&J Marketing per 10 anni.

.............."

2.   Qual è la prossima informazione importante?

Quando si scrivono lettere di raccomandazione, è importante considerare il tipo di lavoro che si sta svolgendo. In questo caso, il titolo di lavoro è Consulente di marketing online per una società di marketing. Ricordate che le informazioni fornite devono essere pertinenti a questa posizione lavorativa.

3.   Quali sono le qualità e le competenze richieste per un lavoro?

Le idee che seguono possono essere utilizzate come riferimento per qualsiasi lavoro.

i. Capacità personali e sociali (capacità relazionali). Il candidato prescelto deve possedere buone capacità personali e interpersonali e deve evidenziarle nella propria candidatura, se necessario.

ii. Anche la capacità di gestire il tempo è un must per tutti.

n modo da poterne parlare indipendentemente dal lavoro presentato.

4. Esperienza precedente.

Dovreste menzionare qualsiasi lavoro pertinente che la persona ha svolto n passato a sostegno della candidatura. Questo può anche essere collegato alle "capacità di gestione delle persone" e "capacità di gestione del tempo" già menzionate.

Dovete dimostrare che la persona è adatta al lavoro, ma questo non deve necessariamente essere scritto in un paragrafo separato. Potete scrivere dell'esperienza nello stesso paragrafo e descrivere la personalità e le competenze della persona.

In ogni caso, però, è necessario sottolineare che la persona è adatta al lavoro.

Organizzazione

Rileggete l'esempio e rispondete alle seguenti domande.

1. Quanti paragrafi ci saranno?

2. In quali sezioni e su quali argomenti vengono trattati?

Domande campione

Un vostro collega ha fatto domanda per un lavoro come consulente di marketing online per un cliente di lingua inglese presso una nota società di marketing. La società di marketing vi ha chiesto di scrivere una lettera di raccomandazione per il vostro collega. Nella vostra lettera di raccomandazione, dovrete indicare in che misura siete legati alla persona in questione. Dovreste anche approfondire la sua personalità e spiegare perché è la persona giusta per il lavoro.

Riferimenti scritti. (220-260 parole)

Un'idea è quella di avere due o tre paragrafi sostanziali, più un paragrafo introduttivo e uno conclusivo, per un totale di quattro o cinque paragrafi.

Paragrafo 1.

Il primo paragrafo riguarda, ovviamente, il motivo per cui si scrive. In questo caso, si tratta di scrivere una lettera di raccomandazione. Di solito, i primo paragrafo di una lettera di raccomandazione via e-mail descrive le competenze e l'esperienza della persona, nonché le eventuali qualifiche rilevanti. Questo primo paragrafo può quindi rispondere a ciascuna delle sezioni citate nell'esempio precedente.

Paragrafo 2.

Si può quindi passare a esaminare il carattere e la personalità della persona.

Questi due paragrafi possono essere utilizzati per determinare se la persona è adatta al lavoro, oppure il terzo paragrafo può essere utilizzato per evidenziare nuovamente i punti di forza della persona.

Concludete l'e-mail con le seguenti parole di chiusura.

"Se avete bisogno di ulteriori informazioni, non esitate a contattarci.

Scrivere l'e-mail in questo modo logico, soprattutto se si lasciano linee e spazi tra i paragrafi, rende l'e-mail più coerente nel complesso e aiuta il lettore a vedere la struttura delle vostre idee. Inoltre, vi permette di modificare le sezioni più importanti della vostra e-mail in un ordine logico.

Esprimere le idee

Vediamo poi come collegare le idee all'interno delle frasi e tra di esse per esprimere i vostri pensieri in un paragrafo.

Parole collegate.

Il primo metodo consiste nell'utilizzare semplici parole di collegamento che potreste aver già usato nel vostro testo. Si tratta di parole e frasi come "prima", "anche" e "per esempio". Queste possono aiutarvi a collegare le idee in modo rapido ed efficiente.

Marcatore del discorso

Si tratta di parole ed espressioni di collegamento un po' più formali, come "inoltre", "inoltre" e "per esempio".

Esercizio 1.1.

Si veda l'esempio di risposta lacunosa riportato di seguito.

Dove potete usare queste parole di collegamento e i marcatori di discorso per completare una frase? Non è necessario usarli tutti.

In primo luogo, in aggiunta a, per esempio, ulteriormente o come esempio.

Esempio di risposta (profilo di personalità).

A tutti coloro che sono interessati.

Jane e io abbiamo lavorato insieme alla J&J Marketing per 10 anni.

Sono lieto di nominarla per la posizione di Consulente di marketing online presso XL Consulting.

1................... Jane è sicura di sé, estroversa e in grado di entrare facilmente in contatto con persone di ogni provenienza.

Durante il periodo trascorso in J&J Marketing, Jane ha dimostrato di essere appassionata, un'eccellente comunicatrice, una grande lavoratrice e un'ottima gestione del tempo.2................... Jane è una persona che sa lavorare bene con gli altri perché è molto sensibile ed empatica. È sempre disposta a contribuire al team e ad aiutare i colleghi.3.............. . in J&J Marketing era benvoluta e si impegnava a fondo per gli obiettivi dell'azienda.

Jane ha accennato al fatto che nella vostra azienda si occupa di clienti aziendali e ritengo che sia eccellente per questo lavoro: alla J&J Marketing, Jane aveva a che fare quotidianamente con i clienti e ha dimostrato eccellenti capacità di comunicazione. Ha anche un forte interesse per i nuovi media, il che è sicuramente un vantaggio quando si tratta di clienti.

Sarà una grande risorsa per la vostra azienda.

Se avete domande, non esitate a contattarci.

Con i migliori saluti

Nome e cognome

Esempio di risposta (lettera di referenze/ referenze caratteriali).

Potete poi verificare le vostre risposte leggendo le risposte di esempio (lettere di raccomandazione) qui sotto.

A tutti coloro che sono interessati.

Jane e io abbiamo lavorato insieme alla J&J Marketing per 10 anni.

Sono onorato di raccomandarla per la posizione di Consulente di marketing online presso la vostra XL Consulting.

In primo luogo, Jane è sicura di sé ed estroversa e riesce facilmente a entrare in empatia con persone provenienti da contesti diversi.

Durante il periodo trascorso in J&J Marketing, Jane ha dimostrato di essere appassionata, un'eccellente comunicatrice, una grande lavoratrice e una buona gestione del tempo. È anche sensibile ed empatica e sa lavorare bene con gli altri. Era sempre disposta a contribuire al team e ad aiutare i colleghi. Inoltre, era (è ancora) molto popolare in J&J Marketing e si è impegnata a fondo per gli obiettivi dell'azienda.

Jane ha detto che nella vostra azienda si occuperà di clienti aziendali e credo che sia molto adatta a questo ruolo. In J&J Marketing, ad esempio, Jane ha dimostrato eccellenti capacità di comunicazione nel contatto quotidiano con i clienti aziendali. Ha anche un forte interesse per i nuovi media, che credo le sarà molto utile quando si troverà a trattare con i clienti.

Sarà una grande risorsa per la vostra azienda.

Se avete domande, non esitate a contattarci.

Con i migliori saluti

Nome e cognome

Analisi.

Tuttavia, c'è il rischio di abusare di queste espressioni, quindi usatele con cautela. Un uso eccessivo di queste espressioni può rendere il testo innaturale e dare al lettore l'impressione che non si sappia esattamente come usarle. Per evitare questo problema, esaminiamo altri dispositivi di coesione che possono essere utilizzati per organizzare le idee.

Pronomi normativi.

I pronomi di riferimento *come this, that, they* o *it sono* solitamente usati per riferirsi a qualcosa o qualcuno che è stato appena nominato.

Clausola relativa.

Le clausole relative sono utilizzate per aggiungere informazioni supplementari a una frase e per collegare i pensieri in una frase ben formata.

Agisce per delega.

Un altro dispositivo coesivo è la sostituzione. Si tratta di fare riferimento all'indietro o in avanti a brani di testo correlati, ad esempio utilizzando dei sinonimi.

Ad esempio, la sostituzione di frasi verbali.

La direzione di J & J Marketing era molto soddisfatta di Jane, così come i resto del personale (e il resto del personale era molto soddisfatto di Jane).

Un uso efficace dei paragrafi e dei vari elementi coesivi può aiutare a scrivere frasi ben ordinate. Quando leggete gli scritti degli altri, cercate elementi di coesione come quelli che abbiamo visto in questa sezione.

Trucchi per la posta elettronica per controllare la vostra casella di posta

La maggior parte delle persone teme di guardare la posta in arrivo al mattino. Avete mai temuto di aprire la casella di posta perché sapete di avere un gran numero di messaggi o di compiti che richiedono tempo? Sono poche le persone che le gestiscono correttamente. Le e-mail sono essenziali per lavorare in modo più efficiente nella maggior parte dei lavori odierni, ma non devono essere sempre stressanti.

1. Dimenticate Inbox 0 e concentratevi sul rendere la vostra comunicazione e-mail concisa ed efficace. Semplici fraintendimenti possono portare a un ulteriore traffico di e-mail che fa perdere molto tempo a entrambe le parti.

2. Impostate una quota per concentrarvi sulle e-mail per un certo tempo al giorno. Dopodiché, dimenticate tutte le e-mail non urgenti e continuate a lavorare. Smettete di controllare le e-mail in continuazione, rispondete subito alle e-mail meno importanti e rimandate i messaggi meno importanti alla prossima sessione di e-mail.

3. È necessario stabilire delle regole di base per le e-mail, ma se non aspettate qualche giorno, le e-mail possono accumularsi e sarete sommersi da e-mail che avete trascurato da tempo e a cui dovete rispondere oggi.

4. I fornitori di servizi di cancellazione di massa, come Unroll.me, consentono di sbarazzarsi di tutte le newsletter indesiderate senza doverle cancellare singolarmente.

Capitolo bonus Le quattro parole più persuasive della lingua inglese.

1. "Tu".

Le ricerche dimostrano che l'uso della parola "tu" può attirare l'interesse e l'attenzione delle persone.

2. nome

Usate i nomi delle persone. Le ricerche hanno dimostrato che quando si sente il proprio nome o lo si legge in un messaggio, ci si fida di più dell'interlocutore e si instaura un rapporto più profondo con lui.

3. gratuito

Nel suo libro Not as Expected, Dan Ariely ha condotto un piccolo studio in cui ai soggetti è stato chiesto di scegliere tra i cioccolatini Lindor a 15 centesimi e i Baci di Hershey a 1 centesimo. Il cioccolato Lindor al tartufo ha vinto, nonostante fosse 15 volte più costoso. Tuttavia, nella fase successiva dello studio, gli stessi cioccolatini Lindor sono stati offerti a 14 centesimi e i Baci di Hershey gratis. Questa volta, quasi il 100% dei partecipanti ha scelto il cioccolato Hershey's Kisses. Quali lezioni possiamo trarre da questo studio? Le persone spesso fanno scelte diverse solo perché qualcosa è gratis, anche se l'offerta è sostanzialmente la stessa.

4. "Perché".

È una parola molto potente, anche se non dice davvero perché Influenza Bestseller: *Nel suo* bestseller Influenza: *la psicologia della persuasione,* Robert Cialdini parla di uno studio sulle fotocopiatrici... Nella prima fase di questo studio, i partecipanti cercavano di convincere gli altri a interrompere la fila alla fotocopiatrice dicendo: "Mi scusi, ho 5 pagine, posso usare la fotocopiatrice?". La percentuale di successo di questa affermazione è stata del 60%. Nell'esperimento successivo, ai partecipanti è stato chiesto di usare la frase "Mi scusi, ho 5 pagine, posso usare la fotocopiatrice perché ho fretta?". La frase "ho fretta" non è mai una buona ragione, ma in questo esperimento ben il 94% delle persone è riuscito a far continuare questa persona.

Parole per scrivere meglio.

Scrittura inglese professionale

Espressioni utili per i grafici

- ... Riduzione significativa ... Nessun
- cambiamento ...
- Raggiungere un altopiano ...
- Salita drammatica ...
- ... Leggermente inferiore ...
- ... Variazione ...
- ... In costante aumento ...
- ... Scendendo gradualmente ...
- ... In costante declino ...
- ... Mantenimento della stabilità ...
- Restaurato...
- ... Cambiamenti drammatici.
- ... Razzo ...
- In picchiata
- ... Drammatico declino del ...
- ... Periodo stabile ...
- ... Tuffo a vista ...
- ... ...raddoppiato...
- ... Metà del ...
- Banco dei pegni
- quattro volte tanto
- ... Si è dimostrato il più popolare ...
- ... Anche se le cose sono andate molto bene all'inizio
- dell'anno, verso la fine ... ... Si è osservato un andamento

simile delle vendite.

... era sempre in fondo alla lista ...

- ... Un modello simile si può vedere... ... Per ...
- Spedizione (militare)
- ... è simile/non è simile a ...
-

Sintesi.

- ... I dati mostrano che...
- ... C'è stato solo un leggero aumento ...
- Un bel po', ma...
- ... Dal momento che ... = Dal momento che ... ... = dopo ...
- ... Stabilizzato al livello di.
- ... Più numerosi, ma non così grandi ...
- ... Per quanto riguarda...
- È rimasto a questo livello fino al
- ... Infine...

Storie dal futuro

- Si prevede che la vendita dei prodotti dell'azienda sarà
- ... Si prevede che ...
- ... D'altra parte, ... Prima dell'aumento a ... Si stima che
- l'aumento a ...
- ... Come potete vedere.

... L'andamento generale del fatturato è disponibile su .... Come previsto.

Segnalazione

- *Mi è stato detto che...*
- Si è *parlato di...*

- Persone citate...
- La gente diceva che era..." ha spiegato.
- La gente vede che ...
- Le persone lo hanno ...
- Alcuni sostengono che...
- La gente pensava che fosse la strada giusta da percorrere.
- Valutazione della popolazione: ...... In.
- Al contrario...".
- Il grafico a barre mostra il ... Indagine sui fattori ... Indica ...
- Mentre... Risultati contraddittori...

Procedura per la presentazione dei procedimenti

- La procedura per
- I seguenti processi vengono eseguiti per
- Prima di tutto...
- Poi...
- Dopo di che...
- Prossima tappa...
- Questo è un ...
- Finalmente...
- In questo modo si completa il processo.

Formule utili per il reporting

- In tutti i casi, si è registrato un aumento...

- Travolgente...

- Questo numero è più che raddoppiato....

- Il secondo volume più grande ...

- Informazioni su ... Ingrandire.

- È stato osservato un aumento significativo.

- Nei modelli inferiori ...

- Questo grafico mostra la ... conferma la crescente popolarità
- di ...

- Questa tendenza si è invertita...

- Tendenze identificate ...

  ... Il tasso era al massimo, ma poi ha iniziato a diminuire.

Altre formulazioni utili per relazioni e proposte.

- Se si considera... . considerando che .... . si può essere convinti dalle argomentazioni che parlano di ... parlare.
- Tuttavia, bisogna tenere conto anche di un altro aspetto....
- Questa non sembra essere la causa diretta....
- Naturalmente, questo va da sé....
- Sono sempre più numerosi anche i pareri che lo affermano.
- ... Questa situazione può essere risolta applicando i metodi descritti sopra ...
- Lo ammetto. ...... C'è anche una contro-argomentazione: ....
- Un approccio è quello...
- Una seconda possibilità è...
- Ovviamente,.
- ma
- Ciò suggerisce che il ...
- Inoltre...
- Conclusione.
- In realtà...
- Non credo...
- Non sono convinto che...
- Nel complesso...
- Finale ...
- Finale ...
- Conclusione.
- Conclusione.
- D'altra parte...
- In ogni caso...
- Questi includono...

- Il terzo è...

(suo) discorso

- Direi che...
- Credo fermamente ... e
- tendo a credere che ...
- La gente sostiene
- che...
- Alcuni ritengono che...
- Molti credono che...
- Secondo la mia esperienza...
- Questo è indubbiamente vero.
- Questo è certamente vero...

Confutazione

- Non sono convinto...
- Inaccettabile, ma vedi ....
- Non è giusto dire che...
- Ci sono poche prove a sostegno di
  - questo....

Muoversi

- Per esempio...
- Per esempio...
- Infatti, ...
- Infatti, ...
- Naturalmente, ...

- In genere si osserva che...
- Le statistiche mostrano...
- Quando...
- Primo: ...
- Naturalmente, ...
- Secondo la mia esperienza...
- Descrizione.

Definizione/spiegazione.

- Direi che...
- Questo significa
- che...
- Questo significa che...
- Più precisamente...
- Il termine "qui" si riferisce a ...

RISPARMIARE (= usare poco)

- Primo/secondo ecc. ......
- Avanti.
- Inoltre...
- Inoltre, ...
- Eppure, eppure...
- Da un lato / dall'altro ...
- Inoltre...
- Come risultato ...
- Mentre...
- In confronto...

Uso moderato.

- Nel frattempo...
- Nel frattempo...
- Anche se ...
- Nonostante la... / Nonostante il...
- Ma...
- Come risultato ...
- Ma...
- Da allora...
- Lo stesso...
- Quindi...
- in ordine

Altre espressioni utili.

- La mia risposta a questo argomento è che "..." dipende da cosa
- si intende per "...".
- Vorrei spiegare l'importanza di queste differenze.
- Pur essendo d'accordo, sono meno convinto.
- Penso di sì...
- Uno dei principali argomenti a favore è ....
- Voglio dire...
- Infatti, in un modo....
- Infatti...
- Questo è fuori discussione.
- In ogni caso...
- In ogni caso...

- Il punto più importante è che ...
- Un altro punto è...
- Di particolare importanza...
- Ma esiste anche un'altra definizione.
- ... Sono d'accordo, ma mi rendo anche conto che ...
- Quindi...
- In ogni caso...
- Tuttavia, esistono diversi modi per risolvere questo grave problema.
- Un approccio è il seguente.
- ... Particolarmente vantaggioso.
- Una seconda possibilità è...
- ... Questo include ...
- Questo perché molte persone lo ritengono inaccettabile.
- Gli oppositori del ... sottolineano che ... sostengono che il ...
- D'altro canto, è innegabile che ....
- I sostenitori di quanto segue affermano che

sconfiggere in un confronto

- Si può sostenere che...
- Alcuni ritengono che...
- C'è anche una tacita comprensione dell'idea che sta
- alla base dell'affermazione che. Si dice spesso che

sconfiggere in un confronto

- Questa è solo una parte della storia.
-
-
-

In una certa misura, c'è del vero in questo ... Tuttavia, la ...
L'insinuazione che questo sia il caso è una grossolana
semplificazione. Questo argomento ha una certa logica...

Saggio sulla poesia

- È chiaro che ...
- Fatti...
- Ovviamente...
- Al contrario...
- Pertanto, queste affermazioni sono completamente sbagliate.

16 regole per scrivere e-mail aziendali professionali.

Se avessi 25 anni e potessi scrivere un consiglio sulla posta
elettronica e sulla comunicazione aziendale, invierei la seguente
lista di controllo. Vorrei che qualcuno mi avesse parlato di queste
cose.

1. Lasciate andare il vostro ego. Non scrivete con l'intenzione di
   impressionare qualcuno, anche se si tratta di voi. Dopo averla
   scritta, potreste rileggerla più volte e applaudirla nella vostra

mente prima di inviarla. Il problema è che in questo scenario l'obiettivo non era la comunicazione, ma la soddisfazione del proprio ego. Cercare di impressionare le persone con frasi lunghe e un linguaggio complesso è controproducente. Assicurate sempre una comunicazione chiara e interazioni contestuali.

2. Spiegate concetti e argomenti difficili in modo semplice e comprensibile. Questo dimostra intelligenza, cioè che siete in grado di capire e spiegare il concetto. Se si spiega un concetto in modo più complesso di quanto non sia in realtà, si dà l'impressione di non capirlo.

3. Non menzionate nulla che non sia pertinente alla situazione o alla decisione. Ciò può distrarre dalla comunicazione e causare confusione.

4. Se dovete scrivere e-mail importanti o delicate, attenetevi ai fatti. I vostri sentimenti e le vostre opinioni non sono importanti o rilevanti nella maggior parte dei casi.

5. Contesto: ricordate sempre che la stessa e-mail può avere effetti molto diversi a seconda del contesto in cui viene inviata. L'e-mail non è un'entità separata dalla vita reale. Non ha il vantaggio delle espressioni facciali e del linguaggio del corpo ed è quindi molto sensibile allo stato d'animo del lettore. Se il lettore è di cattivo umore, il messaggio può essere interpretato in modo diverso. Cercate di tenerne conto quando scrivete.

6. Le riunioni e i messaggi importanti ai colleghi devono essere registrati per iscritto via e-mail. Questo è particolarmente importante quando ci sono situazioni difficili o conflitti. E parlate con loro al telefono o di persona. Non cadete nel vecchio trucco: "Non c'è bisogno che mi mandi un'e-mail". Se potrebbe esserci un confronto, mettete tutto per iscritto e poi parlate con la persona di persona o al telefono.

7. Se un'e-mail mi infastidisce, non rispondo immediatamente! Rileggete dopo esservi schiariti le idee. Rileggete dopo esservi schiariti le idee. Evitate di adottare il vostro tono di voce quando leggete.

8. Il tono di voce è tutto. A seconda del tono, un'e-mail innocente può sembrare maliziosa e viceversa. Ricordate sempre questo.

9. Utilizzare l'ortografia corretta.

10. Da evitare, a meno che il rapporto non sia relativamente stretto.
Contrazioni come we're. Usate una scrittura formale.

11. Non utilizzate ortografie "colloquiali" come "gotna", anche se siete vicini a qualcuno. Nelle e-mail sembra infantile.

12. Se state scrivendo un documento formale o volete prendere le distanze dall'interlocutore, usate una parola inglese formale come "discussion" invece di "chat".

13. Utilizzate una punteggiatura corretta: evitate frasi molto lunghe, a meno che non sia assolutamente necessario.

14. Usate le vostre parole o fornite chiari riferimenti alla sorgente, se necessario.

15. Collegare le idee in modo chiaro (ad es. alla fine / nella conclusione / come).

Utilizzate una grammatica corretta per chiarire il significato.